増刊 CreAtor 11
森 小夜子人形作品集

心の翼を
ひろげて
Sayoko Mori Dolls

❦ 心の翼をひろげて ❦

『いつか鳥のように』出版
戦乱の中で生きるアフガニスタンの少女に想いをはせた作品集でした。

あれから11年。戦火は地球上に広がるばかり。
いったい、私たち大人は何をしているのか。
民族や宗教の壁をこえて、みんなで仲良くできないものでしょうか。

せめて子どもたちには、心の翼をひろげて、未来へと自由に、はばたいてほしい。
こうした願いを、アイトワ、愛永遠、愛と環で生まれる、人形の一体一体に託しています。

人形工房アイトワ　森 小夜子

小倉池から望むアイトワの全景

28

祈りの旅
シリーズ

42

44

森 小夜子
Sayoko Mori

略 歴

1969年	桑沢デザイン研究所卒業、デザイナーとして商社勤務
1973年	結婚を機に退職、創作人形の世界に入り、教室を始める
1986年	人形工房＆カフェテラス『アイトワ』オープン（京都・嵯峨野）
1992年	NHKテレビ「婦人百科」出演
1993年	アイトワ（京都・嵯峨野）に人形展示室オープン
1994年	建都1200年記念全国都市緑化きょうとフェアー『十彩回廊・山紫水明』担当
1999年	東京12ch「ドキュメンタリー人間劇場・京都嵐山に愛をみた」出演
〃	NHK近畿地方番組審議会委員
2003年〜	NHK大阪文化センター講師
2006年	日本エッセイストクラブ会員
2010年	同志社大学大学院総合政策科学研究科嘱託講師　オーガニック生活社会デザイン論

展示会

1991年	「夢・シルクロード」森小夜子人形展（日本橋髙島屋）
1993年	「民族の讃歌」森小夜子人形展'93（新宿三越工芸サロン）
〃	「ある日、風の森で」森小夜子＆永田萠・二人展（ギャラリー妖精村）
1995年	「森の詩、きこえますか」森小夜子人形展'95（京都大丸）
1998年	「民族の讃歌」森小夜子創作活動20周年記念展（銀座松屋、京都大丸、ナビオ美術館）
2000年	「民族の詩」森小夜子人形展（銀座松屋）以降隔年開催　次回は2015年9回目開催
2001年	第14回「森小夜子人形教室展」（京都文化博物館）以降隔年開催　次回は2015年開催
〃	「民族の讃歌」森小夜子人形展（京都大丸）以降隔年開催　次回は2015年9回目開催
2012年	「DOLL EXPO2012」（グランドプリンスホテル新高輪）招待作家として出品
2014年	「日本の創作人形作家展」（美術館「えき」KYOTO）招待作家として出品、ギャラリートーク担当

著 作

1990年	森小夜子人形作品集『lou lan（ローラン）』
1998年	森小夜子人形作品集『民族の讃歌』
1999年	森小夜子人形教室作品集『その瞳にうつるもの』
2000年	森小夜子人形作品ポストカード・コレクション『翼をひろげて』
2001年	エッセイ『人形に命を込めて』大和書房
〃	森小夜子人形作品集『大地に希望の風を』
2002年	エッセイ『庭宇宙』森孝之と共著　遊タイム出版
2004年	森小夜子人形作品集『いつか鳥のように』マリア書房
〃	コラム「自活のススメ　アイトワから」森孝之と共著　産経新聞　毎週112回　2007年まで
2006年	森小夜子人形作品集『ときをこえて』マリア書房
2008年	森小夜子人形作品集『東方への想い』　　〃
2010年	森小夜子人形教室作品集『その瞳にうつるものⅡ』　〃
2015年	森小夜子人形作品集『心の翼をひろげて』亥辰舎

人形工房アイトワ　森小夜子
〒616-8396　京都市右京区嵯峨小倉山山本町1
TEL 075-881-5521　FAX 075-861-5607

増刊クリエイターno.11
心の翼をひろげて

2015年3月29日　発行

著　者　森　小夜子

発行人　浅井　潤一

発行所　株式会社　亥辰舎
　　　　〒612-8438 京都市伏見区深草フチ町1-3
　　　　TEL 075-644-8141　FAX 075-644-5225
　　　　http://www.ishinsha.com

印刷所　土山印刷株式会社

定　価　本体1,800円＋税
　　　　ISBN978-4-904850-44-2

ⓒISHINSHA 2015 Printed in Japan
本誌掲載の写真、記事の無断転載を禁じます。